Birgit Pape-Thoma

Nichts nichts und nichts

Das ultimative Nichts-Buch

Nach einer Idee von
Michael Thoma

© 2023, Birgit Pape-Thoma
Illustrationen : Alain Kojelé Illustrationen
S.97-100 : B. Pape-Thoma
Herstellung und Verlag:
BoD – Books on Demand, Norderstedt,
Deutschland
ISBN: 9783757823078

Vorwort

Die Idee zu diesem Buch stammt von meinem Mann Michael Thoma, als er mal an nichts dachte. Ich war sofort begeistert, denn auch ich habe oft nichts im Kopf. Philosophen, Wissenschaftler, Schriftsteller, sie alle befassen sich mit nichts. Das Ergebnis ist manchmal nichts, manchmal mehr als nichts. Und dieses Buch soll allen Leserinnen und Lesern nichts näher bringen und vor allem Spass machen!

Birgit Pape-Thoma

Stopp!

Blättern Sie noch nicht weiter und lesen Sie die korrigierte Version:

Vorwort

Die Idee zu diesem Buch stammt von meinem Mann Michael Thoma, als er mal an Nichts dachte. Ich war sofort begeistert, denn auch ich habe oft Nichts im Kopf. Philosophen, Wissenschaftler, Schriftsteller, sie alle befassen sich mit NICHTS. Das Ergebnis ist manchmal Nichts, manchmal mehr als Nichts. Und dieses Buch soll allen Leserinnen und Lesern **NICHTS** näher bringen und vor allem Spass machen!

Birgit Pape-Thoma

Es ist nichts so schlecht, dass es nicht für etwas gut ist

Von nichts
kommt nichts

Aus nichts wird nichts

Das ist Alles oder Nichts?

Nicht alles ist Nichts !
Finde die Fehler !

NichtsNichtsNichtsNichtsNichtsNichtsNichts
NichtsNichtsNichtsNichtsNichtsNichtsNichts
NichtsNichtsNichtsNichtsNichtsNichtsNichts
NichtoNichtsNichtsNichtsNichtsNichtsNichts
NichtsNichtsNichtsNichtsNichtsNichtsNichts
NichtsNichtsNichtsNichtsNichtsNichtsNichts
NichtsNichtsNichtsNichtsNichtsNichtsMichts
NichtsNichtsNichtsNichtsNichtsNichtsNichts
NichtsNichtsNichtsNichtsNichtsNichtsNichts
NichtsNichtsNichtsNichtsNichtsNichtsNichts
NichtsNichtsNichtsNiclltsNichtsNichtsNichts
NichtsNichtsNichtsNichtsNichtsNichtsNichts
NichtsNichtsNichtsNichtsNichtsNichtsNichts
NichtsNichtsNichtsNichtsNichtsNichtsNichts
NichtsNichtsNichtsNichtsNichtaNichtsNichts
NichtsNichtsNiehtsNichtsNichtsNichtsNichts
NichtsNichtsNichtsNichtsNichtsNichtsNichts
NichtsNichtsNichtsNiichtsNichtsNichtsNichts
NichtsNicktsNichtsNichtsNichtsNichtsNichts
Auflösung auf Seite 109

13

Alles oder nichts?

Alles
ist
nichts

Was ist der Unterschied zwischen nichts und garnichts?

Sechs Thesen zu nichts:

1. Nichts gibt es nicht
2. Es gibt nichts
3. Nichts ist unmöglich
4. Alles ist nichts
5. Nichts ist alles
6. Nichts ist wertvoll

Ist nichts mehr als garnichts?

Gibt es also nichts – im Gegensatz zu garnichts???

Zustand ist ein albernes Wort;
weil nichts steht und alles
beweglich ist

Nichts ist, weil nichts war und nichts kommt

Das ideale Menü zum Abnehmen

Lecker!

Speisekarte

Menü :

Vorspeise :   nichts

Hauptgang :   nichts

Dessert :   nichts

26,- €

Die Idee für ein leckeres Nichts-Menü hat auch das Restaurant *Le Patio* in Frankreich

25

Wie wäre es mit einem edlen Essen im 3-Sterne-Restaurant *Nichtshöhe*:

Das große Degustationsmenü

Variation von Nichts mit Nichts, Nichts und Nichts

*

Gebratenes Nichts konfiert mit Nichts an Nichts

*

Nichts geschmort in Nichts auf glaciertem Nichts

*

Auswahl von Nichts

*

Dessert: Nichts mit Crème von Nichts

230 €

Wichtiger Hinweis: Zum Dinieren im Restaurant *Nichtshöhe* muss die Kundschaft die Kleidervorschriften beachten: Alltagskleidung ist nicht möglich. Am besten zieht man nichts an!

Es wird nichts so heiss gegessen, wie es gekocht wird

Nichts

Mein Name ist Hase, ich weiss von nichts

Schaffst du im September nichts in
den Keller, blickst du im Winter
auf leere Teller

Was ist das Wertvollste, was es gibt? Nichts...

Nichts sieht einem gescheiten
Manne ähnlicher als ein Narr,
der das Maul hält

Nichts ist unmöglich

Auf den nächsten Seiten steht nichts:

nichts

nichts

nichts

nichts

nichts

nichts

nichts

Wer lange genug nichts sagt, hat irgendwann nichts mehr zu sagen

Philosophen, Schriftsteller, Künstler und Politiker beschäftigen sich sehr oft mit nichts und mit Nichts... :

Ich weiß, daß ich nichts weiß.

Sokrates

Wer im Paradies lebt, will nichts ändern. Wer aber nichts ändern will, lebt bald nicht mehr im Paradies.

Gerhard Kocher

Zustand ist ein albernes Wort; weil nichts steht und alles beweglich ist.

Johann Wolfgang von Goethe

Eigentlich ist Nichts pedantischer, als in der Gesellschaft Geist zu zeigen.

Christian Friedrich Hebbel

Es gibt nichts, was Kunst nicht ausdrücken kann.

Oscar Wilde

Nichts in der Welt ist unbedeutend.

Friedrich Schiller

Aus nichts wird nichts

Lukrez

Es gibt zu viele Wichtigtuer, die nichts wichtiges tun.

Friedrich Dürrenmatt

Man zerstört seinen eigenen
Charakter aus Furcht, die Blicke und
die Aufmerksamkeit der Menschen
auf sich zu ziehen, und man stürzt
sich in das Nichts der
Belanglosigkeit, um der Gefahr zu
entgehen, besondere Kennzeichen zu
haben.

Chamfort

Der Mensch ist eine Mitte zwischen
nichts und All, ein nichts vor dem
Unendlichen, im All gegenüber dem
nichts.

Blaise Pascal

Es nützt nichts, nur ein guter Mensch
zu sein, wenn man nichts tut!

Buddha

Der Himmel tut nichts; dieses nichts-Tun ist Würde; die Erde tut nichts; dieses nichts-Tun ist Ruhe. Aus der Vereinigung dieser beiden nichts-Tun beginnt alles Handeln. Und alle Dinge entstehen.

Zhuangzi

Freiheit: nichts fragen. nichts erwarten. Von nichts abhängig zu sein.

Ayn Rand

Amateure sind Leute, die etwas für nichts tun. Profis sind Leute, die nichts für nichts tun.

Jacques Tati

Die Kinder finden im nichts das Gesamte, die Erwachsenen im Gesamten das nichts.

Giacomo Leopardi

Nichts ist so elend wie ein Mann, der alles will und der nichts kann.

Matthias Claudius

Denn wir sehen, dass nichts von nichts entstehen kann.

Lukrez

Es wird vermutlich außer nichts nichts passieren.

Bernhard Windshügel

Zur Abschaffung von Demokratie eignet sich nichts besser als Demokratie.

Peter Sloterdijk

Unsere Tugenden sind meistens nichts als verstellte Laster.

François VI. Herzog de La Rochefoucauld

Glaube nichts, weil ein Weiser es gesagt hat.
Glaube nichts, weil alle es glauben.
Glaube nichts, weil es geschrieben steht.
Glaube nichts, weil es als heilig gilt.
Glaube nichts, weil ein anderer es glaubt.
Glaube nur das, was Du selbst als wahr erkannt hast.

Buddha

Es gibt nichts, was nicht in Betracht gezogen werden könnte.

Olaf Scholz

Über die menschliche Seele können wir nichts wissen, es gibt nichts zu wissen.

Mohamed Mbougar Sarr

Warum gibt es alles und nicht nichts?
Ein Ausflug ist die Philosophie von

Richard David Precht*

*Goldmann Verlag 2011

Nichts

Nichts

Nichts

Nichts

Nichts

Nichts

Nichts

Nichts

Nichts

Nichts

Nichts

Das einzig Beständige ist, dass nichts beständig ist

Nichts für ungut

Was ist der Unterschied zwischen nichts und absolut nichts?

NICHTS ist perfekt

Ich bin NICHTS ! *

* Ich bin perfekt !

Nicht alles ist Nichts

Auf den nächsten Seiten steht nichts:

Die absolute Stille:
nichts dringt ein,
nichts kommt heraus

Wenn ich an nichts denke, denke ich dann nichts?

Was ist der Unterschied zwischen:

- gar nichts
- überhaupt nichts
- gar nie nichts

?????????????????????

Hier läuft das Nichts auf vollen Touren

76

Geld ist nicht alles, aber ohne Geld
ist alles nichts

Ausser Spesen nichts gewesen

Er hat es zu nichts im Leben
gebracht

Nichts ist erfolgreicher als der
Erfolg

Fast nichts ist umsonst im Leben

Dies ist alles nichts

nichts   nichts

nichts

nichts

nichts

nichts

nichts   nichts

nichts

A nixle im a Bixle

Gespräch mit einer älteren Schwäbin:

„Was gibt's heute bei euch zu essen?"

„Nix! Mir schlegged die Wänd ab!"

Nichts und wieder nichts

Nichts ist besser als gar nichts

Nichts / nada / niente / nothing

Nichtsnutz!

Nichts ist hier okay

Nichts ist unmöglich

Viel Lärm um nichts

Die Sinne gestört?

- ich fühle nichts
- ich sehe nichts
- ich rieche nichts
- ich höre nichts
- ich schmecke nichts

Mir kaufen nix

Nichts

Es ist fast 14 Uhr. Endlich ist die Sitzung zu Ende. Der junge Mann ist erleichtert. Es fiel ihm schwer, seine arroganten, oberflächlichen und gleichzeitig mittelmäßigen Kollegen zu ertragen. Mit einem entschlossenen Schritt verlässt er das Gebäude. Ein kurzer Blick auf seine Uhr verrät ihm, dass er nicht viel Zeit hat, um zu seinem Kunden zu gelangen. Am Eingang zur Metrostation angekommen, zögert er. Seine Schritte werden langsamer. Anstatt die Treppe hinunterzugehen, tritt er in ein kleines Café direkt neben der U-Bahn.

Zu dieser Zeit sind nur wenige Leute hier. Der junge Mann nimmt im hinteren Teil des Raumes Platz und bestellt einen Kaffee. Er fühlt sich ausgelaugt, angewidert, müde. Der Kellner stellt die Tasse auf den Tisch. In diesem Moment sieht der junge Mann auf dem Nachbartisch ein Blatt Papier. Ein leeres Blatt mit einem einzigen Wort genau in der Mitte: NICHTS. Nichts? Erstaunt nimmt der junge Mann das Papier in die Hand. NICHTS. Was ist "nichts"? Die Leere? Ein Loch? Das Nichts? Das Nicht-Vorhandene? Gibt

es dieses „Nichts"? Er erinnert sich an seine Antwort auf eine Frage: „Was fühlst du? " -
" Nichts." Ist es möglich, nichts zu fühlen? Die Leere, die er in sich spürt, erscheint ihm ausgefüllter als ein "Nichts".

Der junge Mann holt seinen Stift aus der Aktentasche und beginnt, um das Wort herum zu zeichnen. Eine Blume, eine Sonne, ein Baum, Wolken, Kreise, Linien. Immer energischer, bis das ganze Blatt mit Zeichnungen bedeckt und das Wort unsichtbar ist. NICHTS: nur ein Wort. Ein banales Wort?

Der junge Mann schaut auf seine Uhr. Er kommt zu spät zum Kunden.

Birgit Pape-Thoma *

*Originalversion in französischer Sprache *Moments* BoD 2012

NICHTS

NICHT

100

Nichts
ist dasselbe wie etwas
anderes

Große Klappe, nichts dahinter

Nichts gibt es nicht.
Oder doch?

Hier gibt's nichts

...aber davon ziemlich viel!

nichts

Ein Loch ist ein umrandetes Nichts

Oder:

Ein Loch ist ein Nichts mit was drum rum

Was ist das Wertvollste, was es gibt?

Nichts...

Auflösung :

NichtsNichtsNichtsNichtsNichtsNichtsNichts
NichtsNichtsNichtsNichtsNichtsNichtsNichts
NichtsNichtsNichtsNichtsNichtsNichtsNichts
Nicht**o**NichtsNichtsNichtsNichtsNichtsNichts
NichtsNichtsNichtsNichtsNichtsNichtsNichts
NichtsNichtsNichtsNichtsNichtsNichtsNichts
NichtsNichtsNichtsNichtsNichtsNichts**M**ichts
NichtsNichtsNichtsNichtsNichtsNichtsNichts
NichtsNichtsNichtsNichtsNichtsNichtsNichts
NichtsNichtsNichtsNichtsNichtsNichtsNichts
NichtsNichtsNichtsNic**ll**tsNichtsNichtsNichts
NichtsNichtsNichtsNichtsNichtsNichtsNichts
NichtsNichtsNichtsNichtsNichtsNichtsNichts
NichtsNichtsNichtsNichtsNichtsNichtsNichts
NichtsNichtsNichtsNichtsNicht**a**NichtsNichts
NichtsNichtsNi**e**htsNichtsNichtsNichtsNichts
NichtsNichtsNichtsNichtsNichtsNichtsNichts
NichtsNichtsNichtsNi**ii**chtsNichtsNichtsNichts
NichtsNic**k**tsNichtsNichtsNichtsNichtsNichts

Ich   verspreche   nichts !
Aber das halte ich auch...

Schlusswort

Liebe Leserin, lieber Leser, ich gehe mal davon aus, daß Ihnen dieses Buch nichts näher gebracht hat und daß Sie jetzt nichts besser verstehen. Und daß Ihnen nichts gefällt!

Birgit Pape-Thoma

Oh, da sind mir Fehler unterlaufen!

Lesen Sie die korrigierte Version:

Schlusswort

Liebe Leserin, lieber Leser, ich gehe mal davon aus, daß Ihnen dieses Buch das Nichts näher gebracht hat und daß Sie jetzt Nichts besser verstehen. Und daß Ihnen Nichts gefällt!

Birgit Pape-Thoma

Ein Dankeschön an Jasna und Lukas für ihre Hilfe bei der Gestaltung dieses Buches!

DANKE FÜR NICHTS